体育运动

少年拳
SHAONIANQUAN

南拳

主编　于　洋　王月华
王荣波　王博文

走进**大自然**
走到阳光下
养成**体育锻炼**
好习惯

吉林出版集团股份有限公司　全国百佳图书出版单位

图书在版编目 (CIP) 数据

少年拳 南拳 / 于洋，王月华等主编.—长春：吉林
出版集团股份有限公司，2011.5（2024.1 重印）
ISBN 978-7-5463-5241-1

Ⅰ.①少… Ⅱ.①于… ②王… Ⅲ.①拳术—青年读
物②拳术—少年读物③南拳—青年读物④南拳—少年读物
Ⅳ.①G852.19-49②G852.13-49

中国版本图书馆 CIP 数据核字（2011）第 081823 号

少年拳 南拳

主编 于洋　王月华　王荣波　王博文
责任编辑 息望　林丽
出版发行 吉林出版集团股份有限公司
印刷 三河市同力彩印有限公司
版次 2011 年 7 月第 1 版　2024 年 1 月第 8 次印刷
开本 787mm×1092mm 1/16　**印张** 10　**字数** 100 千
地址 吉林省长春市福祉大路 5788 号　**邮编** 130000
电话 0431-81629968
电子邮箱 11915286@qq.com
书号 ISBN 978-7-5463-5241-1
定价 45.80 元

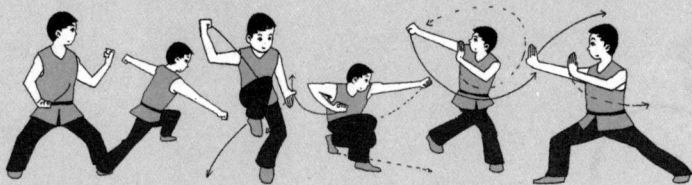

目录 CONTENTS

少年拳

目录　CONTENTS

目录　CONTENTS

少年拳

第一章 运动保护

　　"生命在于运动"，但是盲目、不科学的运动非但不能起到强身健体的作用，反而会给身体带来一定的伤害。只有掌握体育锻炼的一般性生理卫生知识，科学地进行体育锻炼，才能起到健身强体的作用。

第一节 生理卫生

青少年在进行体育运动时，除了应进行一般性的身体检查和必要的咨询外，还要注意培养运动兴趣和把握适当的运动强度。

一、培养运动兴趣

在进行运动前，必须培养自己对体育运动的兴趣。培养兴趣的方法有很多，如观看体育比赛，与同学、朋友进行体育比赛等。有了浓厚的兴趣，就能自觉地投入体育运动之中，从而达到理想的体育锻炼效果。

二、控制运动强度

因为青少年进行体育运动，主要是在享受体育运动的过程中增强体质，提高健康水平，而不仅是为了创造运动成绩，所以运动强度不宜过大。控制运动强度最简单的办法是测定运动时的脉搏。对青少年来说，运动时的脉搏控制在每分钟 140 次左右较为合适。

第二节 运动前准备

运动前进行充分的准备活动，对于青少年来说是非常重要的。一些青少年体育运动爱好者，常常不重视运动前的准备活动，导致各种运动损伤，影响运动效果，也容易失去对体育运动的兴趣，甚至造成对体育运动的畏惧。因此，青少年在进行体育运动前，必须做好充分的准备活动。

一、准备活动的作用

运动前做好充分的准备活动能够对肌肉、内脏器官有很大的保护作用，同时还可以提前调节运动时的心理状态。

（一）提高肌肉温度，预防运动损伤

运动前进行一定强度的准备活动，不仅可以使肌肉内的代谢过程加强，温度增高，黏滞性下降，提高肌肉的收缩和舒张速度，增强肌力，同时还可以增加肌肉、韧带的弹性和伸展性，减少由于肌肉剧烈收缩而造成的运动损伤。

（二）提高内脏器官的功能水平

内脏器官的功能特点之一就是生理惰性较大，即当活动开始、肌肉发挥最大功能水平时，内脏器官并不能立刻进入最佳活动状态。而充分的准备活动可以帮助内脏器官得到"热身"，从而对其起到较好的调节和保护作用。

（三）调节心理状态

青少年进行体育锻炼不仅是身体活动，同时也是心理活动。研究证明，心理活动在体育锻炼中起着非常重要的作用。体育锻炼前的准备活动，可以起到心理调节的作用，即接通各运动中枢间的神经联系，使大脑皮层处于最佳兴奋状态。

二、如何进行准备活动

一般来说，准备活动主要应考虑内容、时间和运动量等问题。

（一）内容

准备活动可分为一般准备活动和专项准备活动。一般准备活动主要是一些全身性的身体练习，如跑步、踢腿、弯腰等。一般准备活动的作用在于提高整体的代谢水平和大脑皮层的兴奋状态，减少运动损伤的发生。专项准备活动是指与所从事的体育锻炼内容相适应的动作练习。

下面介绍一套一般准备活动操，供青少年运动前使用。这套活动操主要包括头部运动、肩部运动、扩胸运动、体侧运动、体转运动、髋部运动和踢腿运动等。

1.头部运动

头部运动的动作方法（见图1-2-1）是：

两手叉腰，两脚左右开立，做头部向前、向后、向左、向右，以及绕环运动。

2.肩部运动

肩部运动的动作方法（见图1-2-2）是：

手扶肩部，屈臂向前、向后绕环，以及直臂绕环。

3.扩胸运动

扩胸运动的动作方法（见图1-2-3）是：

屈臂向后振动及直臂向后振动。

4.体侧运动

体侧运动的动作方法（见图1-2-4）是：

两脚左右开立，一手叉腰，另一臂上举，并随上体向对侧振动。

5.体转运动

体转运动的动作方法（见图1-2-5）是：

两脚左右开立，两臂体前屈，身体向左、向右有节奏地扭转。

6.髋部运动

髋部运动的动作方法（见图1-2-6）是：

两脚左右开立，两手叉腰，髋关节放松，做向左、向右

360°旋转。

7.踢腿运动

踢腿运动的动作方法(见图 1-2-7)是:

两臂上举后振,同时一腿向后半步,然后两臂下摆后振,同时向前上方踢腿。

图 1-2-1

图 1-2-2

图 1—2—3

图 1—2—4

图 1—2—5

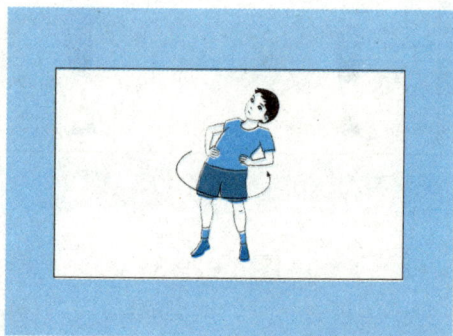

图 1-2-6

图 1-2-7

（二）时间和运动量

准备活动的时间和运动量随体育锻炼的内容和量而定，由于以健身为目的的体育运动量较小，因此准备活动的量也相对较小，时间也不宜过长，否则，还未进行体育锻炼身体就疲劳了。半小时的体育锻炼，准备活动时间一般以 10 分钟左右为宜。

第三节 运动后放松

进行剧烈的体育运动后，有些青少年习惯坐在地上，或是直接躺下来休息，认为这样可以快速消除疲劳。其实不然，这样做的结果不仅不能尽快地恢复身体功能，反而会对身体产生不良影响，正确的做法应该是运动后做一些整理活动，放松身体。

一、运动后整理活动的必要性

运动后的整理活动不但可以避免头晕等症状，还可以有效地消除疲劳。

（一）避免头晕

人体在停止运动后，如果停下来不动，或是坐下来休息，静脉血管失去了骨骼肌的节律性收缩，血液会由于受重力作用滞留在下肢静脉血管中，导致回心血量减少，心血输出量下降，造成暂时性脑缺血，出现头晕、眼前发黑等一系列症状，严重者甚至会出现休克。为了避免这些症状的发生，整理活动是非常必要的。

（二）消除疲劳

除了避免头晕等症状的发生，运动后的整理活动还可以改善血液循环状态，达到快速消除疲劳的目的。

二、放松方法

在运动后放松时，应注意以下几个问题：

（1）做一些放松跑、放松走等形式的下肢运动，促进下肢静脉血的回流，防止体育锻炼后心血输出量的过度下降；

（2）下肢活动后进行上肢整理活动，右臂活动后做左臂的整理活动，通过这种积极性休息，使身体功能得到尽快恢复；

（3）整理活动的量不要过大，否则整理活动又会引起新的疲劳；

（4）在进行整理活动时，应当保持心情舒畅、精神愉快。

第四节 恢复养护

人体在运动后，除采用休息和积极性体育手段加速身体功能的恢复外，还可以根据体育运动的特点，补充不同的营养物质，以尽快消除疲劳。

体育运动结束后，人体内会产生一种叫作乳酸的酸性物质，它的积累会造成肌体的疲劳，使恢复时间延长。所以，我们在体育运动后，应多补充一些碱性食物，如蔬菜、水果等，而动物性蛋白等肉类食品偏"酸"，在运动后的当天可适当减少摄入。

第二章 少年拳概述

少年拳（第二套）是中学武术教材中的长拳基础套路，是一种观赏性较强且能起到强身健体作用的拳术。它和其他的拳术一样有着悠久的历史，是青少年参加武术套路表演的基础项目。

第一节 起源与发展

少年拳是一项青少年最为喜爱的体育运动项目之一，与中华民族的传统文化关系密切。

一、起源

少年拳的起源首先要从武术的起源说起，因为少年拳是长拳的基础套路。武术在我国有着悠久的历史，它的产生，源于我国远古祖先的生产劳动。人们在狩猎的生产活动中，逐渐积累了劈、砍、刺的技能，这些技能是武术技术形成的基础。武术萌芽于原始社会时期，成形于奴隶社会时期。

二、发展

众所周知，少年拳的发展是伴随着中国武术的发展壮大而发展演变来的。

中华人民共和国成立后，国家对青少年的关心程度日益增加，尤其是对青少年的身体健康状况。在新课标改革中把《体育》改为《体育与健康》，并将少年拳（第二套）作为教材，从而使少年拳的学习在中小学及大学的体育课中得到了普及。

1990 年，武术少年拳套路首次被列入第 11 届亚运会比赛项目。

现在，少年拳在中国得到了蓬勃发展，已成为一项全国性的体育运动。

第二节 特点与价值

少年拳运动易于开展，强度适中，对提高身体素质、发展心理和智力都有积极的促进作用，而且还有助于将中国的武术文化推向世界，让世界了解中国，让中国走向世界，形成人与人、国家与国家之间文化交流的局面。

一、特点

少年拳既有一般拳术的技术特点，又有它自身的特殊性。少年拳的特殊性，就在于它竞技性差，观赏性强。通过做动作，考验练习者的记忆力和身体素质。

（一）设备简单，动作易学

少年拳的设备相对比较简单，动作舒展大方。全套共 12 个动作，其特点是套路短小，内容精简，既简单易学又有少量难度动作。少年拳作为一种新的健身方法，能真正达到强身健体、提高综合运动素质的目的。

（二）观赏性、趣味性强

少年拳的动作比较优美、连贯，给人以美的享受。趣味性强，学习时容易引起学生的兴趣。

二、价值

少年拳对个人和社会都具有极大的价值，尤其是青少年的健康发展。

（一）提高灵敏性和反应能力

由于少年拳这项运动要求锻炼者要有较强的身体灵敏度和快速反应能力，所以经常练习少年拳的人，灵敏性和反应能力都会得到充分的发掘和提高。

（二）促进身心发展，提高身体素质

少年拳的动作舒展大方、快速有力、动迅静定、节奏鲜明的运动特点均有助于促进青少年的生理、心理健康。经常参加该项运动，能够为学习其他运动项目打下良好的身体素质基础。青少年从事少年拳运动也非常有利于身体各器官、组织、系统机能的全面提高。

（三）培养意志品质

由于少年拳在练习过程中对身体的柔韧性要求比较高，需要经常锻炼身体的柔韧性，比如撕腿或压腿等。因此，它能够培养人的勇敢顽强、吃苦耐劳、坚韧不拔的意志品质。

（四）改善形象

武术讲究精气神，少年拳也不例外。经常锻炼的人能够提高自身的气质，改善自己的形象。

（五）防身自卫

少年拳作为一项健身运动，主要是为了强身健体，但是也可以将其运用于实践之中。练习少年拳可以提高练习者遇到侵犯时的自我保护意识和能力，还可以将其作为保护国家、集体和他人利益，维护社会安定团结的有力武器。

第三章 少年拳场地和装备

少年拳运动对场地和装备的要求不高，但高质量的场地是运动开展的前提，良好的装备则是运动参与者较高水平发挥的必要保证。

第一节 场地

初学者最好在正规的比赛场地练习，但是也可以在空地或者家里的地板上（最好铺有地毯或者海绵垫子）练习。本节主要介绍少年拳运动练习、比赛所需场地的规格、设施和要求。

一、规格

(1)个人项目场地规格为长 14 米，宽 8 米，四周内沿应标有 5 厘米的边线；

(2)场地周围至少有 2 米宽的安全区；

(3)在场地的两边中间，各有 1 条长 30 厘米、宽 5 厘米的中线标记(见图 3-1-1)。

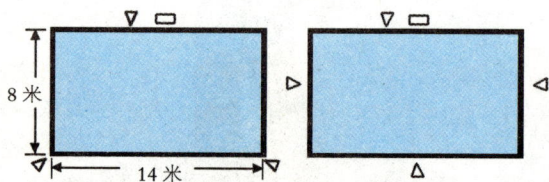

图 3-1-1

二、设施 ✦✦✦✦✦✦

场地的地面应铺有地毯或软垫。

三、要求 ✦✦✦✦✦✦

（1）比赛场地上空，从地面量起至少应有 8 米的无障碍空间；

（2）如设两个以上比赛场地，两场地之间应有 6 米以上的距离。

第二节 装备

少年拳运动对装备的要求不高，简单舒适即可。

一、服装 ✦✦✦✦✦✦

经常参加少年拳锻炼应备有 3 套服装，夏季穿短袖、短裤，春、秋两季穿短袖、长裤，冬季穿防风厚装长衣、长裤，运动服应采用吸汗效果好的纯棉布料（见图 3-2-1）。

图 3-2-1

二、鞋

比赛和表演中常见的是以羊皮或帆布制面、软胶制底的武术表演专用鞋，这种鞋既便于蹬地和发力，又舒服美观（见图 3-2-2）。

图 3-2-2

第四章 少年拳基本技术

少年拳的基本技术是初学者必须要掌握的基础技能。重视和加强基本功和基本动作的练习,对于尽快准确地掌握少年拳技法,全面提高动作质量,避免伤害事故的发生,延长运动寿命,提高专项身体素质都有着十分重要的意义。基本技术包括手形与手法、步形与步法和基本功等。

第一节 手形与手法

手形与手法是少年拳动作套路的基本要素，需要初学者首先学习和掌握。

一、手形

手形包括拳、掌和勾等。

(一)拳

1. 动作方法(见图4-1-1)

四指卷拢，拇指屈压于食指中节，掌面要平，任何四指不准凸出掌面。

2. 技术要点

拳握紧，拳面平，直腕。

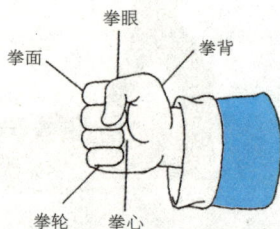

拳眼

拳面   拳背

拳轮   拳心

图4-1-1

(二)掌

1. 动作方法(见图 4-1-2)

四指伸直并拢向后伸张,拇指一节屈拢于食指一侧。

2. 技术要点

掌心展开,手指并拢,尽量伸直。

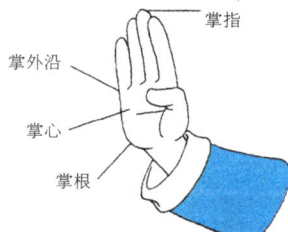

掌指

掌外沿

掌心

掌根

图 4-1-2

(三)勾

1.动作方法（见图4-1-3）

五指的第一关节捏拢在一起，同时屈腕。

2.技术要点

五指不要过于弯曲，尽量屈腕。

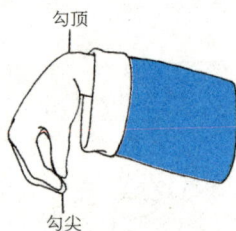

图 4-1-3

二、手法

手法包括冲拳、架拳、推掌和亮掌等。

(一)冲拳

1.动作方法（见图4-1-4）

（1）两脚左右开立，两拳抱于腰间，拳心朝上；

（2）右拳从腰间旋臂向前猛力冲出，力达拳面，目视前方。

2.技术要点

挺胸，收腹，直腰，出拳快速有力，做好拧腰、顺肩、急旋前臂的动作。

图 4-1-4

（二）架拳

1.动作方法（见图 4-1-5）

（1）两脚左右开立，两拳抱于腰间，拳心朝上；

（2）右拳向右上方架起，拳眼向下，目视左方。

2.技术要点

松肩,肘略屈,前臂内旋,力达前臂外侧,眼神要与动作协调,左右交替练习。

图 4-1-5

(三)推掌

1.动作方法(见图 4-1-6)

(1)两脚左右开立,两拳抱于腰间,拳心朝上;

(2)右拳变掌,以掌外沿为着力点向前猛力推出,目视前方。

2.技术要点

挺胸,收腹,直腰,出拳快速有力,做好拧腰、顺肩、急旋前臂的动作,注意沉腕、翘掌,力达掌外沿。

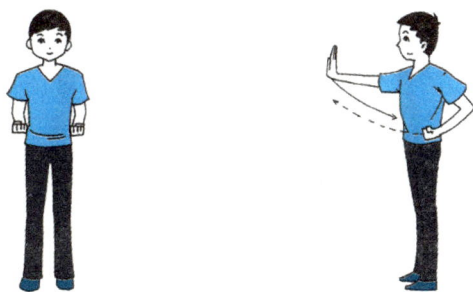

图 4-1-6

(四)亮掌

1.动作方法(见图 4-1-7)

(1)两脚左右开立,两拳抱于腰间,拳心朝上;

(2)抖腕亮掌,臂呈弧形举于头上,目视左方。

2.技术要点

抖腕、亮掌与转头要同时完成。

图 4-1-7

第二节 步形与步法

步形与步法是少年拳动作套路的基本要素，初学者应认真学习和掌握。

一、步形

步形包括并步、开立步、弓步、马步、仆步、虚步、歇步和丁步等。

(一)并步

1.动作方法(见图 4-2-1)

两脚内侧靠近直立。

2.技术要点

两脚自然站立,两手贴于大腿两侧。

图 4-2-1

(二)开立步

1.动作方法(见图 4-2-2)

两脚左右平行站立或前后错步站立。

2.技术要点

两脚自然站立,两手交叉与下颌平行,掌心向内,目视前方。

图 4-2-2

(三)弓步

1.动作方法(见图 4-2-3)

(1)两脚前后错步站立,前腿屈膝,大腿水平,膝部与脚面垂直,后腿挺直,全脚掌着地,脚尖朝向斜前方 45°;

(2)右脚在前为右弓步,左脚在前为左弓步;

(3)持久练习,可做弓步桩训练。

2.技术要点

挺胸,塌腰,沉髋,前、后脚呈一直线。

图 4-2-3

(四)马步

1.动作方法(见图 4-2-4)

(1)两脚左右开立,距离约为本人脚长的 3 倍,脚尖内扣正对前方,屈膝半蹲,大腿接近水平,膝部不超过脚尖,全脚掌着地;

(2)持久练习,可做马步桩训练。

2.技术要点

挺胸,塌腰,两脚跟外蹬,身体重心落于两脚之间。

图 4-2-4

(五)仆步

1.动作方法(见图4-2-5)

(1)右腿屈膝全蹲,大腿和小腿靠紧,臀部接近右小腿,全脚掌着地,脚尖和膝略外展;

(2)左腿挺直平伸,脚尖内扣,全脚掌着地,呈左仆步;

(3)右腿挺直平伸,动作相同,方向相反,呈右仆步。

2.技术要点

挺胸,塌腰,沉髋。

图 4-2-5

(六)虚步

1.动作方法(见图 4-2-6)

(1)两脚前后错步站立,后腿屈蹲,大腿水平,前脚略屈,脚尖虚点地面;

(2)左脚在前为左虚步,右脚在前为右虚步;

(3)持久练习,可做虚步桩训练。

2.技术要点

挺胸,塌腰,虚实分明。

图 4-2-6

(七)歇步

1.动作方法(见图 4-2-7)

(1)两腿交叉屈膝全蹲,左脚全脚掌着地,脚尖外展;

(2)右脚脚跟离地,臀部坐于小腿上,接近脚跟,呈左歇步;

(3)右脚在前为右歇步。

2.技术要点

挺胸,塌腰,两腿靠拢、贴紧。

图 4－2－7

（八）丁步

1. 动作方法（见图 4－2－8）

两腿半蹲并拢，一脚全脚掌着地支撑，另一脚停在支撑脚内侧相靠，脚尖点地。

2. 技术要点

挺胸，塌腰，虚实分明。

图 4-2-8

二、步法

步法包括插步、击步和垫步等。

(一)插步

1.动作方法(见图 4-2-9)
(1)开步站立,两手叉腰;
(2)右脚向左脚后横插一步,两腿交叉。
2.技术要点
(1)注意不要插步幅度太小、撅臀;
(2)保持躯干朝向正前方。

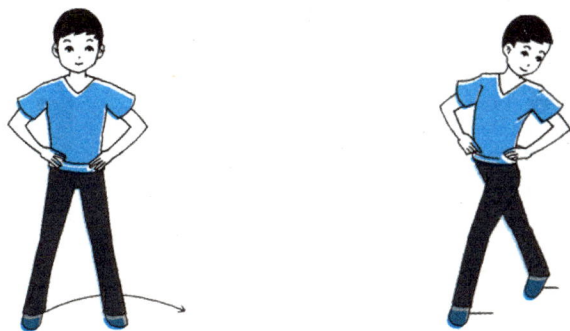

图 4-2-9

(二)击步

1.动作方法(见图 4-2-10)

(1)两脚前后开立,两手叉腰;

(2)前脚蹬离地面跳起,后脚向前,以脚弓碰击前脚跟,后、前脚依次落地,目视前方。

2.技术要点

跳起腾空时,保持上体正直并侧对前方。

图 4-2-10

（三）垫步

1.动作方法（见图 4-2-11）

（1）两脚前后开立，两手叉腰；

（2）后脚提起向前脚处落步，前脚以脚掌蹬地向前跳落步，目视前方。

2.技术要点

（1）身体不要有起伏，两脚变换要快；

（2）整个身体要冲进去，起动速度要快。

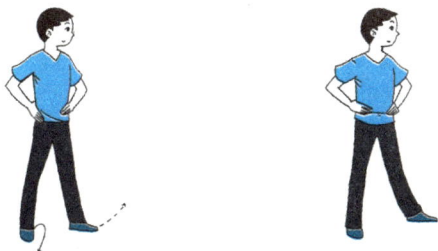

图 4-2-11

第三节　基本功

　　基本功是练习少年拳的基础,包括压肩、臂绕环、抡拍、压腿、搬腿、劈腿、直摆性腿法、屈伸性腿法和扫转性腿法等。

一、压肩

1.动作方法(见图 4-3-1)

(1)开步站立,两手抓握肋木,上体前俯并做下振压肩动作;

(2)也可以两人面对面站立,互相扶按肩部,做体前屈的振动压肩动作；

（3）可由助手协助做搬压肩部的练习。

2.技术要点

挺胸，塌腰，臂、腿要伸直，振幅逐步加大，压点集中于肩部，增加外力时要由小到大。

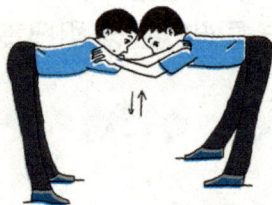

图 4-3-1

二、臂绕环

臂绕环包括单臂绕环、双臂前后绕环、双臂左右绕环和双臂交叉绕环等。

(一)单臂绕环

1.动作方法(见图 4-3-2)

(1)左弓步站立,左手按于左大腿上,右臂上举;

(2)右臂由后向前绕环一周为后绕环,由前向后绕环一周为前绕环。

2. 技术要点

臂伸直,肩放松,划圆,逐渐加速。

图 4-3-2

(二)双臂前后绕环

1. 动作方法(见图 4-3-3)

(1)开步站立,右臂上举;

(2)左臂前绕环,右臂后绕环。

2. 技术要点

双臂伸直,肩放松,划圆,逐渐加速。

图 4-3-3

(三)双臂左右绕环

1.动作方法(见图 4-3-4)

(1)开步站立;

(2)两臂同时从右向左划圆绕环。

2.技术要点

双臂伸直,肩放松,划圆,逐渐加速。

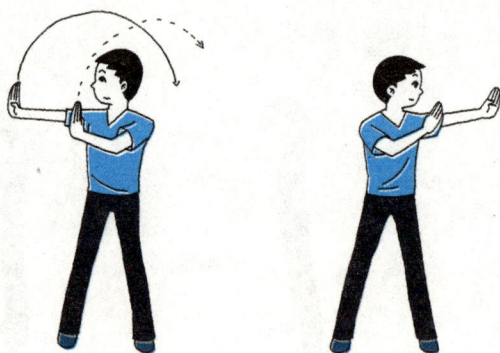

图 4-3-4

(四)双臂交叉绕环

1.动作方法(见图 4-3-5)

(1)开步站立,两臂上举;

(2)两臂分别向前、后绕环。

2.技术要点

双臂伸直,肩放松,划圆,逐渐加速。

图 4-3-5

三、抡拍

1.动作方法(见图 4-3-6)

(1)开步站立呈左弓步,同时右掌向前下方伸出,左掌掌心朝里,插于右肘关节处;

(2)上动不停呈右弓步,同时右臂抡至右上方,左掌下落至左下方;

(3)上体右后转,同时右臂抡至后下方,左臂抡至前上方;

（4）上体左转呈右仆步，同时右臂拍至右腿内侧拍地，左臂停于左上方，目随右手。

2.技术要点

上抡贴近耳，下抡贴近腿。

图 4-3-6

四、压腿

压腿包括正压腿、侧压腿、后压腿和仆步压腿等。

(一)正压腿

1. 动作方法(见图 4-3-7)

(1)并步站立;

(2)左脚跟搁在肋木上,脚尖勾紧,上体向前下方做振压动作。

2. 技术要点

(1)直体向下振压,压至疼痛时,进行交换腿练习;

(2)两腿伸直,收胯,正髋,也可用手下压膝部;

(3)上体摆正,挺胸,立腰,被压腿异侧的肩、胸部前俯。

图 4-3-7

(二)侧压腿

1.动作方法(见图 4-3-8)

(1)同正压腿,唯侧对;

(2)左脚跟搁在肋木上,脚尖勾紧,右臂上举,左掌附于右胸前,上体向左侧压振。

2.技术要点

(1)立腰,展髋,直体向侧下方压振;

(2)两腿伸直,收胯,正髋,也可用手下压膝部;

(3)上体侧振时前屈;

(4)支撑腿脚尖外展,被压腿一侧髋尽量前送,向里掀左肩,右臂上举并向头后伸展。

图 4-3-8

(三)后压腿

1.动作方法(见图4—3—9)

(1)同正压腿,唯背对;

(2)左脚背搁在肋木上,脚面绷直,上体后屈并做振压动作。

2.技术要点

(1)挺胸,展髋,腰后屈;

(2)两腿伸直,挺膝,或同伴用手顶其被压腿膝部,另一只手协助其上体后振。

图4—3—9

(四)仆步压腿

1.动作方法(见图4-3-10)

(1)开步站立;

(2)右腿全蹲,左腿挺膝伸直,脚尖内扣,两脚全脚掌着地,两手分别抓握两脚外侧。

2.技术要点

(1)挺胸,立腰,沉髋,臀部尽量贴近地面;

(2)步幅要大,逐步加大两脚距离,髋关节拉开。

图 4-3-10

五、搬腿

1. 动作方法(见图 4-3-11)

(1)并步站立;

(2)右腿支撑,左腿向前上方举起,挺膝,脚外侧朝前;

(3)由同伴托住脚跟或膝部做正搬、侧搬和后搬练习。

2. 技术要点

(1)直体向下振压,压至疼痛时,进行交换腿练习;

(2)上体摆正,挺胸,立腰,被压腿异侧的肩、胸部前俯。

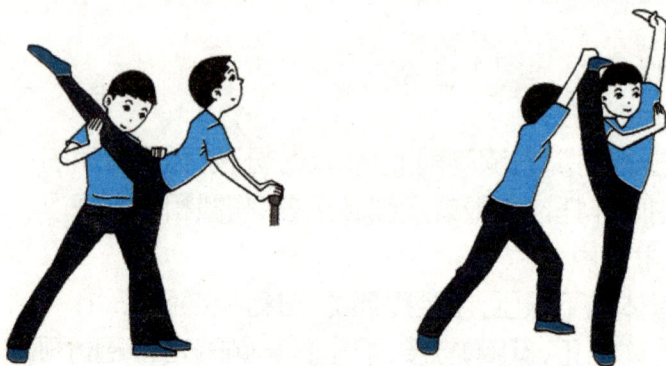

图 4-3-11

六、劈腿

劈腿包括竖叉和横叉等。

(一)竖叉

1.动作方法(见图 4-3-12)

(1)并步站立;

(2)两腿前后分开呈直线,左腿后侧着地,脚尖勾起;

(3)右腿内侧或前侧着地。

2.技术要点

(1)挺胸,立腰,沉髋,挺膝;

(2)两腿呈一直线。

图 4—3—12

(二)横叉

1.动作方法(见图 4—3—13)

(1)并步站立;

(2)两腿左右分开呈直线,腿内侧着地。

2.技术要点

挺胸,立腰,沉髋,挺膝,两腿呈一直线。

图 4−3−13

七、直摆性腿法

直摆性腿法包括正踢腿、斜踢腿、侧踢腿、外摆腿、里合腿和拍脚等。

（一）正踢腿

1.动作方法（见图 4−3−14）

（1）并步站立，两臂侧平举；

（2）左脚上步直立，右腿挺膝，脚尖勾起向前额处猛踢，目视前方。

2.技术要点

(1)挺胸,收腹,立腰;

(2)踢腿时迅速收髋、收腹,脚尖勾起,过腰后动作加快,要有寸劲;

(3)收下颌,头上顶;

(4)腿上踢时收髋,支撑腿全脚掌着地。

图 4—3—14

(二)斜踢腿

1.动作方法(见图4-3-15)

(1)并步站立,两臂侧平举;

(2)向异侧耳际猛踢,动作同正踢腿,目视前方。

2.技术要点

(1)挺胸,收腹,立腰;

(2)踢腿时迅速收髋、收腹,脚尖勾起,过腰后动作加快,要有寸劲;

(3)收下颌,头上顶;

(4)腿上踢时收髋,支撑腿全脚掌着地。

图4-3-15

(三)侧踢腿

1.动作方法(见图 4-3-16)

(1)并步站立,两臂侧平举;

(2)右脚上步,脚尖外展,左脚跟略提起,身体略右转,两臂后举;

(3)左腿勾脚向左耳际踢起,右臂上举亮掌,左臂立于右肩前,目视前方。

2.技术要点

(1)展髋,侧身,猛收腹;

(2)支撑腿外展,异侧肩朝前。

图 4-3-16

(四)外摆腿

1.动作方法(见图4-3-17)

(1)并步站立,两臂侧平举;

(2)右脚上步,左脚尖勾紧,向右侧上方踢起,经面前向左侧上方摆动,直腿落在右脚旁;

(3)目视前方,可用掌在面前依次迎击脚面。

2.技术要点

(1)展髋,腿呈扇形外摆,幅度要大;

(2)踢腿时迅速收髋、收腹,脚尖勾起,过腰后动作加快,要有寸劲;

(3)收下颌,头上顶,直腰。

图4-3-17

(五)里合腿

1.动作方法(见图 4-3-18)

(1)并步站立,两臂侧平举;

(2)右脚上步,左脚尖勾紧,向左侧上方踢起,经面前向右侧下方摆动,直腿落在右脚旁;

(3)目视前方,可用掌在面前依次迎击脚面。

2.技术要点

合髋。

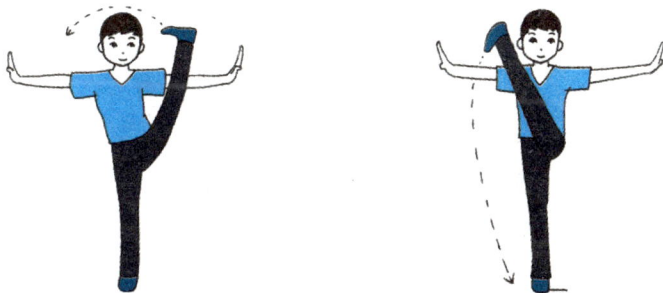

图 4-3-18

(六)拍脚

1.动作方法(见图 4-3-19)

(1)并步站立;

(2)左脚上步,右腿挺膝,绷脚面,向上猛力踢摆;

(3)同时右拳变掌,于前上方迎击右脚面,目视前方。

2.技术要点

(1)收腹,立腰;

(2)踢腿高度过胸,击拍脚面要准确、响亮。

图 4-3-19

八、屈伸性腿法

屈伸性腿法包括弹腿、蹬腿和侧踹腿等。

(一)弹腿

1.动作方法(见图 4-3-20)

(1)并步站立；

(2)支撑腿直立或略屈，另一腿由屈到伸向前弹出；

(3)脚面绷平，力达脚尖。

2.技术要点

收髋，弹击有寸劲。

图 4-3-20

(二)蹬腿

1.动作方法(见图4-3-21)

(1)并步站立;

(2)支撑腿直立或略屈,另一腿由屈到伸向前弹出;

(3)唯脚尖勾起,力达脚跟。

2.技术要点

收髋,弹击有寸劲。

图4-3-21

(三)侧踹腿

1.动作方法(见图4-3-22)

(1)两腿呈插步;

(2)右腿伸直支撑,左腿由屈到伸,脚尖里扣,用脚掌猛力踹出,上体倾斜,目视左侧方。

2.技术要点

挺膝,展髋,猛踹,脚外侧朝上,力达脚掌。

图 4-3-22

九、扫转性腿法

扫转性腿法主要是伏地后扫腿。

1.动作方法(见图 4-3-23)

(1)两腿呈左弓步,两掌向前推出;

(2)上体前俯,两掌撑地,左腿全蹲,右腿伸直,脚尖内扣,呈右仆步;

(3)以左脚掌为轴贴地后扫一周。

2.技术要点

转体、俯身、撑地、扫转要连贯协调,一气呵成。

图 4—3—23

第五章 少年拳组合动作

　　少年拳运动有利于提高身体的协调性、灵敏性和力量，它的组合动作包括第一段、第二段和第三段等。通过练习这套动作，可以有效地增强练习者的身体素质。

第一节 第一段

第一段包括预备势、抢臂砸拳、望月平衡、跃步冲拳和弹踢冲拳等。

一、预备势

1.动作方法（见图 5-1-1）

（1）两脚并拢直立，两手握拳屈肘抱于腰侧，两肩后展，拳心向上；

（2）下颌略收，头向左转，目视左前方。

2.技术要点

身体保持直立，握拳有力。

图 5-1-1

二、抢臂砸拳

1.动作方法(见图 5-1-2)

(1)左脚向左跨一步,以前脚掌着地,上体右转,左拳变掌向右前下方伸出,掌心向下;

(2)上动不停,向左后方转体 180°,同时左手向上、向左、向下绕环,屈臂外旋,使掌心向上置于腹前;

(3)右手向右后、向上抡起下砸,以拳背砸击左掌心作响,右腿屈膝提起,在砸拳的同时下跺振脚呈并步半蹲,上体略前倾,目视前下方。

2.技术要点

转体、绕环、抢臂的动作要协调一致,砸拳与振脚同时完成。

3.攻防含义

左手抢臂掳抓,右拳抡起下砸。

图 5-1-2

 **三、望月平衡** ✿✿✿✿✿✿

1.动作方法(见图5-1-3)

（1）右脚后撤一步起立，同时右拳变掌，两手左右分开上摆，左手在头左斜上方抖腕亮掌；

（2）右手至右侧平举部位抖腕呈立掌，掌心向右；

（3）左腿屈膝，小腿向右上提贴于右膝窝，脚面向下；

（4）眼随左掌转动，在抖腕亮掌的同时向右转头，目视右前方。

2.技术要点

抖腕、转头、提腿的动作要同时进行。

3.攻防含义

回顾身后。

图5-1-3

四、跃步冲拳

1.动作方法（见图5-1-4）

（1）上体左转前倾，左腿向前提起，左手由左下方后摆至体后，右手以掌背向左下方后挂至左膝外侧，掌心均向内，目视左下方；

（2）左脚向前落步，右腿屈膝向前上提，左脚随即蹬地向前跃出，两臂向前上方绕环摆动，目视右掌；

（3）右脚落地全蹲，左脚随即落地向前伸直呈仆步，两臂同时继续由上向右、向下绕环，右掌变拳收抱于右腰侧，左掌屈臂呈立掌停于右胸前，目视前方；

（4）左掌经左脚面向外横搂，同时重心前移，右腿蹬直呈左弓步，左掌变拳收抱于腰侧，右拳向前冲出，拳心向下，目视右拳。

2.技术要点

跃步要远，落地要轻，跃步时要与两手的动作自然相随。

3.攻防含义

跃步接近对方后，右拳前击。

图 5-1-4

五、弹踢冲拳

1.动作方法(见图 5-1-5)

(1)重心移至左腿,右腿屈膝提起,在膝盖接近水平时,脚面绷平猛力向前弹踢;

(2)右拳收抱于腰侧,左拳向前冲出,拳心向下,目视前方。

2.技术要点

弹踢时力达于脚面,支撑腿可略屈。

3.攻防含义

接上势向前踢打。

图 5-1-5

第二节 第二段

第二段包括马步横打、并步搂手、弓步推掌和搂手勾踢等。

一、马步横打

1.动作方法(见图 5-2-1)

(1)右脚向前落步,脚尖内扣,左拳收抱于腰侧;

(2)右臂内旋向右后方伸出,再向左转体 90°,呈马步的同时,平摆横打,目视右前方。

2.技术要点

横打与转体的动作要协调一致,并借转体拧腰的力量发力。

3.攻防含义

接上势,右拳横贯对方头部。

图 5-2-1

二、并步搂手

1.动作方法(见图 5-2-2)

(1)右脚向左脚并拢下蹲;

(2)右拳变掌直接向右小腿外侧下搂,至右小腿旁变勾手继续后摆停于体侧后方,勾尖向上,目视右前方。

2.技术要点

并步与搂手要同时进行,上体正直略前倾。

3.攻防含义

抄搂对方踢击之脚。

图 5-2-2

三、弓步推掌

1.动作方法(见图 5-2-3)

(1)上体向左转体 90°,左脚上前一步呈左弓步;

(2)同时右勾变拳收抱于腰侧,左拳变掌向前推出,掌心向前,目视前方。

2.技术要点

转体、上步与推掌的动作要协调一致。

3.攻防含义

转身前推对方胸部。

图 5-2-3

四、搂手勾踢

1.动作方法(见图 5-2-4)

（1）右拳变掌经后下方直臂向上、向前绕环落于左腕上交叉，同时重心移至左腿；

（2）上动不停，两臂向下后摆分掌搂手，至体侧后反臂呈勾手，勾尖向上，同时右脚尖上勾，脚跟擦地面，向左斜前方踢出，身体随之半面向左转，目视左前方。

2.技术要点

两腕交叉和分掌搂手的动作要连贯，勾踢时力达于脚腕内侧。

3.攻防含义

下搂对方抓己之左手的同时，勾踢其前脚。

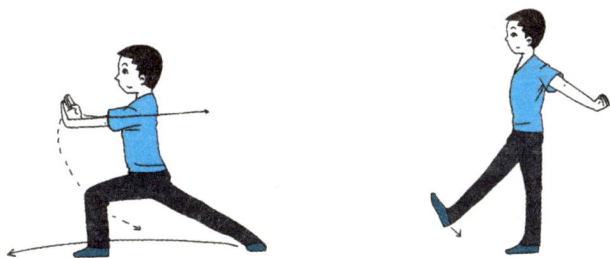

图 5-2-4

第三节 第三段

第三段包括缠腕冲拳、转身劈掌、砸拳侧踹、撩拳收抱和还原势等。

一、缠腕冲拳

1.动作方法（见图 5-3-1）

（1）两勾手变掌前摆于腹前，左手抓握右手腕，右腿屈膝，小腿自然下垂；

（2）上动不停，右手翻掌缠腕，在向右转体的同时臂外旋，用力屈肘后拉于右腰侧抱拳，右脚跺地振脚下蹲，左腿屈膝提起；

（3）左脚向左侧跨一大步，右脚蹬地随之滑动，两腿下蹲呈马步，同时左手变拳经左腰侧向左冲出，拳眼向上，目视左前方。

2.技术要点

屈肘后拉与转体、跨步、冲拳要同时，抓握、缠腕、屈肘后拉、转体、振脚要连贯。

3.攻防含义

缠拿对方捉己之右腕，随即左拳冲其头部。

图 5－3－1

二、转身劈掌 ◁◁◁◁◁◁◁

1.动作方法(见图5-3-2)

(1)右脚蹬地屈膝上提,向右转体90°,随身体直立两拳变掌直接上举,在头前上方以右手背击左掌心作响,目视前方;

(2)上动不停,继续向右转体180°,右脚向前落步呈右弓步,同时左掌变拳收抱于腰侧,右掌下劈呈侧立掌,小指一侧向前,目视前方。

2.技术要点

(1)转体以左脚掌为轴转270°,动作要连贯、平稳;

(2)右脚落步要下跺,并与劈掌动作一致。

3.攻防含义

转身后右掌下劈对方面部。

图5-3-2

三、砸拳侧踹 ✦✦✦✦✦✦

1.动作方法(见图5-3-3)

(1)右脚蹬地屈膝上提,重心移至左腿并向左转体90°,呈提膝直立姿势;

(2)同时左拳变掌置于腹前,掌心向上,右掌变拳上举至头前上方,在右脚下踩振脚呈并步下蹲的同时,以拳背砸击左掌作响,目视右拳前下方;

(3)右腿直立,左腿屈膝上提,脚尖上勾,以脚跟向左下方与膝盖同高处踹出,上体略向右倾斜;

(4)同时左掌变拳收抱于腰侧,右拳上举横架于头前斜上方,拳心向上,目视左方。

2.技术要点

砸拳与振脚要同时完成,侧踹要快速有力,身体应稳定。

3.攻防含义

重击对方腰部以上部位。

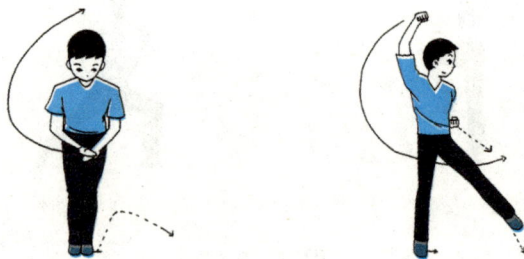

图5-3-3

四、撩拳收抱

1.动作方法(见图5-3-4)

(1)左脚向左落地并向左转体90°呈左弓步,右拳由上向后、向下以拳面撩出停于左膝前上方,左拳变掌拍击右拳背作响,目视右拳;

(2)左脚蹬地起立向右转体90°,两臂上举,两手变掌于头前上方交叉,掌心向前,目视前方;

(3)上动不停,左脚收回与右脚并拢,两掌变拳左右分开后屈肘收抱于腰侧,头向左转,目视左前方。

2.技术要点

撩拳要有力,拍击响亮,收抱动作连贯。

3.攻防含义

下撩对方裆部。

图5-3-4

五、还原势 ❖❖❖❖❖❖

1.动作方法(见图 5-3-5)

直立,两拳变掌,直臂下垂,头向右转,目视前方。

2.技术要点

身体保持直立,转头。

图 5-3-5

第六章 少年拳比赛规则

少年拳比赛是普及少年拳运动的一种很好的形式,在长期的发展过程中已经形成了一套完整的比赛程序和裁判方法。

第一节 程序

少年拳比赛不是任何人都能参加的,而且,比赛要严格地按照一定的程序进行。

一、参赛方法

少年拳比赛就是套路表演,选手首先要进行报名,报名后经过资格审查才能有机会参加比赛。

二、比赛方法

(1)选手到检录处检录;
(2)裁判员入场;
(3)选手入场,提交检录名单;
(4)开始比赛;
(5)选手完成一整套动作后,裁判员进行评分。

第二节 裁判

少年拳比赛应有严密的组织工作和严格的评分标准。选手如果对评分标准了然于胸,就能在比赛中游刃有余、发挥自如。

一、裁判员

（一）裁判人员组成

（1）总裁判 1 人，副总裁判 1 人；

（2）每组设裁判长 1 人，裁判员 7～8 人（包括套路检查、记分、计时员）；

（3）编排记录长 1 人，编排记录员 2～3 人；

（4）检录长 1 人，检录员、报告员 1～2 人。

（二）裁判人员职责

1.总裁判

总裁判负责比赛事宜，指导各裁判人员的工作，保证规则的执行。

2.副总裁判

协助总裁判搞好工作，在总裁判缺席时，由一名副总裁判代行其职责。

3.裁判长

组织裁判组的业务学习，落实裁判工作的各项事宜，也可以参加评分。

4.裁判员

认真执行裁判工作，独立进行评分，并做好详细记录。

5.记录长

负责编排记录处的全部工作,根据大会要求,编排好秩序册。

6.记录员

根据记录长分配的任务进行工作。

7.记分、计时员

(1)准确地计算选手完成套路的时间,遇到与规则不符者,应及时报告裁判长;

(2)负责所在裁判组的记分工作,并核算最后得分。

8.套路检查员

负责检查选手的套路内容,如遇与规则不符者,予以扣分并及时报告裁判长。

9.检录长

负责检录处的全部工作,如有变化应及时与裁判取得联系。

10.检录员

按照比赛顺序及时召集选手做好出场准备,委托一名选手负责带队入场,并向裁判长递交检录表。

11.报告员

在比赛过程中,报告比赛成绩,介绍比赛规程、规则和比赛项目的特点,以及经大会审查过的有关武术运动的宣传材料。

二、评分

少年拳比赛的最高得分为 10 分,分数主要从动作规格,劲力和协调,以及精神、节奏、风格、内容、结构和布局等方面来评判。

（一）动作规格

动作规格的分值为 6 分,具体评判标准如下:

（1）凡手形、手法、步形、步法、身法、腿法、跳跃和平衡方法与规格要求轻微不符者,每出现 1 次扣 0.05 分;

（2）与规格要求显著不符者,每出现 1 次扣 0.1 分;

（3）与规格要求严重不符者,每出现 1 次扣 0.2 分;

（4）一个动作出现多种错误,最多扣分不得超过 0.2 分。

（二）劲力和协调

劲力和协调的分值为 2 分,具体评判标准如下:

（1）凡劲力充足,用力顺达,力点准确,手法、眼法、身法、步法协调,动作干净利落者,给予满分;

（2）凡与要求轻微不符者,扣 0.1～0.5 分;

（3）凡与要求显著不符者,扣 0.6～1 分;

（4）凡与要求严重不符者,扣 1.1～2 分。

（三）精神、节奏、风格、内容、结构和布局

精神、节奏、风格、内容、结构和布局的分数为 2 分,具体评判标准如下:

（1）凡符合精神饱满、节奏分明、风格突出、内容充实、结构合理、布局匀称的要求者,给予满分;

（2）凡与要求轻微不符者,扣 0.1～0.5 分;

（3）凡与要求显著不符者,扣 0.6～1 分;

（4）凡与要求严重不符者,扣 1.1～2 分。

南拳

第七章 南拳概述

南拳是中国武术主要流派之一，泛指流传于我国长江流域及南方各地的诸多拳种，主要盛行于我国南方地区。

第一节 起源与发展

南拳历史悠久，源远流长，其内容丰富，传播范围广，长期以来形成了种类繁多的拳种和门派。

一、起源

据史料记载，"南拳"一词作为武术词语使用，最早出现于明代隆庆二年（公元 1568 年），距今已有四百多年的历史。

关于南拳的起源，流传着一个故事，说是福建有一座少林寺，为嵩山少林的分支，人称"南少林寺"，寺中僧人世代习武。康熙年间，西鲁国来犯，无人可敌，福建少林寺僧人请缨出征，大破西鲁国，班师凯旋。不久，有奸人进谗，清廷派兵围剿福建少林寺，将该寺焚毁，寺中仅有五僧幸免于难。这五位僧人四处寻访英雄豪杰，创立了洪门（天地会），立誓"反清复明"。福建、广东、湖北一带的南拳都由这五位僧人传出，因此，尊他们为南拳"五祖"。

南拳的系统化、广泛化大约在明末清初。南拳在长江流域和南方各地得到了广泛传播，形成了别具特色的南拳流派。到清朝初年，南拳得到了空前的发展和传播，并形成了不同流派、不同风格的南拳。

二、发展

新中国成立后,南拳已成为中华武术的重要组成部分。

1960 年,国家将南拳列为武术竞赛的主要项目之一,继而又纳入体育院校的武术教材。

1989 年,中国武术协会受亚洲武术联合会的委托,组织部分专家创编了《南拳竞赛套路》,并首次正式用于第 11 届亚运会。

1992 年, 中国武术协会又组织部分专家创编了具有南拳流派特点的《南棍、南刀竞赛套路》,用作第 7 届全国运动会武术比赛中的南拳全能项目,并成为《中国武术段位制》考评正式项目。

第二节 分类与派别

南拳分类和派别众多,根据区域的不同有着不同的分类。

一、分类

南拳种类繁多,包括福建的少林桥手、五祖拳、鹤拳,广西的周家拳、屠龙拳,浙江的洪家拳、金刚拳,湖北的洪门拳、孔门拳,以及湖南的巫家拳、洪家拳等。

二、派别

南拳的代表是广东南拳,而广东南拳的代表是洪拳等"五大名家"。

(一)洪拳

洪拳源出少林，相传为洪熙官所创。洪熙官本为福建漳州茶商，创拳后传给南少林的洪门五祖，后来传入广东。

(二)刘拳

相传为刘姓的人所创，更多说法是刘生或刘青山所创，流传于雷州半岛。

(三)蔡拳

相传为福建少林寺僧蔡伯达、蔡九仪所创，后来流传于广东中山等地。

(四)李拳

相传为福建南少林寺僧李色开所创，又由广东新会的会员李友山传授。

（五）莫拳

相传为福建南少林至善禅师所创，后传至莫清骄（一说莫清娇），流传于珠江三角洲一带。

第三节 特点与价值

南拳的基本特点是门户严密，动作紧凑，手法灵巧，重心较低，体现出以小打大、以巧打拙、以多打少、以快打慢的技击特色，而健身防老等作用又使其具有了特殊的价值。

一、特点

南拳运动快慢相间，长短并用，刚柔相济，以刚为主，讲究气沉丹田、发声吐气；手法多样，动作紧凑，劲力刚健；步法稳固，重心较低，强调以桩步为基本功；身法窜蹦闪转，协调一致。

二、价值

南拳是老少皆宜的健身运动，可以增强体质，增加柔韧性，延缓体能减退和关节韧带老化、衰退，对防治腰腿痛、关节炎效果显著。

另外，练习南拳时人数可多可少，人多时可以共同欢乐，单独一人也可自得其乐。这样，既得到了兴趣上的满足，又强健了身体，一举两得。

第八章 南拳场地和装备

南拳运动对场地和装备的要求并不高，但是高质量的场地是运动开展的前提，而良好的装备则是运动参与者较高水平发挥的必要保证。

第一节 场地

初学者最好在正规的比赛场地练习，练习时一定要遵循循序渐进的原则，以减少运动损伤。

一、规格

（1）个人项目的场地为长 14 米，宽 8 米；

（2）场地四周内沿应标明 5 厘米宽的边线，周围至少有 2 米宽的安全区；

（3）在场地的两边中间各做 1 条长 30 厘米、宽 5 厘米的中线标记（见图 8-1-1）。

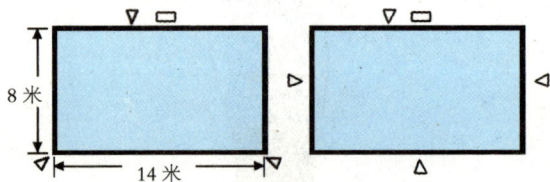

图 8-1-1

二、设施

场地地面应铺设地毯或软垫。

三、要求

场地上方至少应有 8 米的无障碍空间。

第二节 装备

初学者在进行南拳运动时，最好穿专门的武术服和武术鞋，这样既有利于动作的练习，同时又可避免不必要的运动损伤。

一、服装

传统的南拳服装是无袖装，下身穿灯笼裤，扎软腰巾，给人以力量感。材质为绸、尼龙或丝绒等（见图 8-2-1）。

图 8-2-1

二、鞋 ✿✿✿✿✿✿

鞋一般穿软胶底鞋，便于蹬地和发力，而且防滑（见图 8-2-2）。

图 8-2-2

第九章 南拳基本技术

南拳的基本技术是南拳练习的入门技巧，是各种套路动作的基础，只有熟练掌握了基本技术，才能在套路表演中挥洒自如、游刃有余，基本技术包括手形与手法和步形与步法等。

第一节 手形与手法

手形与手法是南拳动作套路的基本要素，需要初学者首先学习和掌握。

一、手形

手形包括拳、掌、爪和指等。

（一）拳

拳包括平拳、凤眼拳和羌子拳等。

1. 平拳

平拳的动作方法（见图 9-1-1）是：

五指半屈握紧，拳面要平，拇指压于食指和中指的第二指节上，任何指骨都不能凸出拳面。

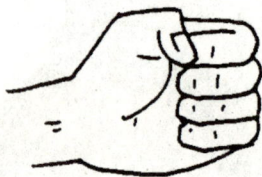

图 9-1-1

2.凤眼拳

凤眼拳的动作方法(见图9-1-2)是:

除食指第一指节骨结环凸出拳面外,其余四指紧握,拇指尖压于中指的第二节指骨上,以拇指梢节内侧紧靠食指梢节。

图 9-1-2

3.羌子拳

羌子拳的动作方法(见图9-1-3)是:

食指、中指、无名指和小指并紧,四指的第二、三节指骨紧屈,拇指向内弯曲,紧贴食指,拇指尖按于食指梢节部。

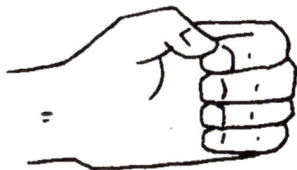

图 9-1-3

(二)掌

掌包括柳叶掌、八字掌和鹤顶手等。

1.柳叶掌

柳叶掌的动作方法(见图 9-1-4)是:

拇指弯曲扣于虎口处,其余四指并拢伸直。

图 9-1-4

2.八字掌

八字掌的动作方法(见图 9-1-5)是:

拇指伸直外展,其余四指并拢伸直,掌心略呈凹形。

图 9-1-5

3.鹤顶手

鹤顶手的动作方法(见图 9-1-6)是:

与普通的勾手动作相同,五指捏拢,屈腕。

图 9-1-6

(三)爪

爪包括虎爪和鹰爪等。

1.虎爪

虎爪的动作方法(见图 9-1-7)是:

五指用力张开,第二、三节指骨弯曲,第一节指骨尽量向手背的一面伸张,使掌心凸出。

图 9-1-7

2.鹰爪

鹰爪的动作方法（见图 9-1-8）是：

拇指弯曲外展，其余四指并紧，使第二、三节指骨略弯曲。

图 9-1-8

（四）指

指包括单指和双指等。

1.单指

单指的动作方法（见图 9-1-9）是：

除食指伸直外，其余四指弯曲。

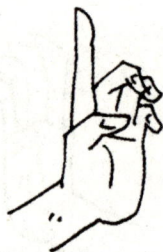

图 9-1-9

2.双指

双指的动作方法(见图 9—1—10)是：

除食指和中指外，其余三指弯曲，拇指扣于食指第一指节临近虎口处，弯曲。

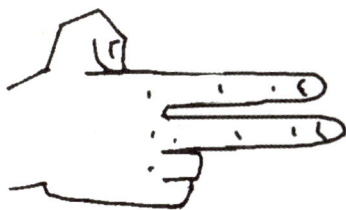

图 9—1—10

二、手法

手法包括拳法、掌法、指法、爪法和肘法等。

(一)拳法

拳法包括挂拳、鞭拳、冲拳、扫拳和抛拳等。

1.挂拳

挂拳的动作方法(见图 9—1—11)是：

拳自上向下快速叩击，力达拳背。

图 9-1-11

2.鞭拳

鞭拳的动作方法(见图 9-1-12)是：

直臂或屈臂，用拳背由前向后平抡，力达拳背。

图 9-1-12

3.冲拳

冲拳的动作方法（见图 9—1—13）是：

拳从腰间旋转冲出，直臂或略屈臂，力达拳面。

图 9—1—13

4.扫拳

扫拳的动作方法（见图 9—1—14）是：

拳自左向右或自右向左扫击，直臂，力达拳背或拳眼。

图 9—1—14

5.抛拳

抛拳的动作方法(见图9—1—15)是：

拳自下向上呈环形运动,臂略屈,力达拳眼。

图9—1—15

(二)掌法

掌法包括盖掌、扫掌和推掌等。

1.盖掌

盖掌的动作方法(见图9—1—16)是：

使掌自上向下呈弧形运动,臂略屈。

图9—1—16

2.扫掌

扫掌的动作方法(见图9-1-17)是：

掌自上向下呈弧形运动,臂略屈,掌从空中横扫过来。

图9-1-17

3.推掌

推掌的动作方法(见图9-1-18)是：

掌从腰间短促有力地向前推出,直臂或略屈,力达掌根或掌外沿。

图9-1-18

(三)指法

指法包括挑指、穿指和前啄等。

1.挑指

挑指的动作方法(见图 9-1-19)是:

直臂或略屈臂,由内向外划弧,力达指尖,可单指或双指。

图 9-1-19

2.穿指

穿指(亦称插指)的动作方法(见图 9-1-20)是:

手指呈直线形向前穿、上穿或横穿,可单或双指。

图 9-1-20

3.前啄

前啄的动作方法(见图9-1-21)是:

掌变鹤顶手,向前上方短促用力啄击,力达指端。

图9-1-21

(四)爪法

爪法主要是抓面爪,动作方法(见图9-1-22)是:

手形变成虎爪,由腰间向前抓击,手心朝前,高与面平,力达指端。

图9-1-22

(五)肘法

肘法包括担时和压肘等。

1.担肘

担肘的动作方法(见图 9-1-23)是:

屈臂,肘由下向上抬,力达肘尖。

图 9-1-23

2.压肘

压肘的动作方法(见图 9-1-24)是:

屈臂,抬肘经胸前向异侧反臂下压,力达肘尖。

图 9—1—24

第二节 步形与步法

步形与步法是南拳动作套路的基本要素，需要初学者认真学习和掌握。

一、步形

步形包括马步、弓步、虚步、拐步、半马步、独立步和单蝶步等。

（一）马步

1.动作方法（见图 9—2—1）

两脚分开，距离约 3 个脚长，脚尖正对前方，屈膝半蹲，膝部与脚尖垂直。

2.技术要点

上身正直，收腹，敛臀，两脚分开的同时，手握拳置于腰两侧。

图 9-2-1

(二)弓步

1.动作方法(见图 9-2-2)

两脚前后分开，距离约 3 个脚长，前脚脚尖里扣，斜向前方，屈膝半蹲，膝部与脚尖垂直，后腿挺膝伸直，脚尖里扣，两脚掌着地。

2.技术要点

挺胸，塌腰，沉髋，前、后脚呈一直线。

图 9-2-2

(三)虚步

1.动作方法(见图 9-2-3)

两脚前后开立,后脚尖斜向前,屈膝半蹲,大腿接近水平,前腿略屈,脚面绷平,脚尖略向内扣,虚点地面。

2.技术要点

挺胸,塌腰,虚实分明。

图 9-2-3

(四)拐步

1.动作方法(见图 9-2-4)

两腿前后交叉,前腿屈膝下蹲,脚尖外展约 90°,后腿屈膝下蹲。

2.技术要点

膝部接近地面,脚跟离地,收腹,敛臀。

图 9-2-4

（五）半马步

1.动作方法（见图 9-2-5）

两脚左右分开，距离 2～3 个脚长，屈膝半蹲，左脚脚尖朝左，右脚脚尖朝前，重心偏于右腿。

2.技术要点

收腹，敛臀。

图 9-2-5

(六)独立步

1.动作方法(见图 9-2-6)

一腿伸直站立支撑体重,另一腿屈膝提起,脚面绷直,脚尖朝下。

2.技术要点

收腹立腰,站立要稳。

图 9-2-6

(七)单蝶步

1.动作方法(见图 9-2-7)

一腿屈膝下蹲,另一腿跪地(小腿内侧贴地)。

2.技术要点

(1)挺胸,直腰,沉髋;

(2)收腹立腰,上体可略向前倾。

图 9-2-7

二、步法

麒麟步即骑龙步,亦称左右连续拐步,是南拳的独特步法。

1. 动作方法(见图 9-2-8)

分别向左前方、右前方连续两次拐步。

2. 技术要点

动作要连贯有序,左前方、右前方连续两次。

图 9—2—8

第十章 南拳套路练习

　　南拳套路往往表现为步稳、拳刚、势烈，少跳跃、多短拳，以声和气修力等。它威猛迅疾、灵巧绵密、刚柔相济，上肢及手形尤富于变化。它不像少林拳那样雄浑朴茂、舒展大方，但其刚烈之气、威猛之势，却浑然自成气象。

第一节 预备势

预备势是南拳套路练习之前的预备姿势，起到调整练习前心态和精神的作用。

1.动作方法（见图10-1-1）

（1）两脚并步直腿站立，两手臂贴于两腿外侧，目视前方；

（2）两脚不动，两手握拳提抱于腰间，拳心朝上，目视前方。

2.技术要点

挺胸，收腹，敛臀，提神降气。

图 10-1-1

第二节 第一段

第一段包括撤步滚桥、马步上挑、横步侧踹、马步标掌、架掌穿心脚、高虚步探爪、马步虎扑、白鹤亮翅、上步撞拳和闪步侧弹等。

一、撤步滚桥

1.动作方法(见图10-2-1)

(1)右脚向右前方上步,脚尖外展,膝略屈,同时腰略向右转,右拳提至右胸前,拳心朝下,左拳同时弧形向左、向前、向右摆至右胸前呈掌,左掌掌指朝上,掌心与右拳面相接,目视右拳;

(2)左脚向前上半步,脚尖点地呈左虚步,同时腰略屈,右拳与左掌向前同时冲拳、推掌,两臂伸至与肩同高、同宽,左掌心与右拳面均朝前,目视前方;

(3)左脚撤步,左掌变拳,两拳交于胸前向下、向内外翻挂,双拳心向上,目视双拳;

(4)重心移至左脚,右脚尖贴地撤步呈并步直立,双拳同时收于腰间呈抱拳,目视前方。

2.技术要点

上步时重心下沉,虚实分明,冲拳、推掌发力于腰,翻挂时活肘,带动双拳翻滚,转腰带臂。

图 10-2-1

二、马步上挑 🌀🌀🌀🌀🌀🌀

1.动作方法(见图 10-2-2)

(1)右脚向右侧开步呈右弓步,同时身向右转,双拳变掌从腰间向右侧下方伸出;

(2)上动不停,双掌向下、向左、向上于面前抡臂弧形摆向右侧,双掌呈立掌,右掌上劈,左掌置于右胸前,目视右掌,呈右弓步;

(3)腰劲向左猛转呈正面,同时重心移至双脚间呈正马步,带动双掌,左掌向左后方下挥呈拳,拳心向后,右掌向侧上、向左挑打至头顶上方呈拳心向前,拳眼向下,目视左侧。

2.技术要点

转腰有力,挥臂活肩,以腰力带动双臂。

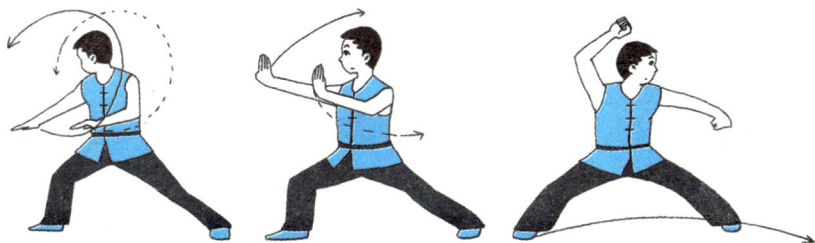

图 10-2-2

三、横步侧踹

1.动作方法(见图 10-2-3)

(1)向左转体,右脚越过左脚向左侧盖步,双手变掌,目视左前上方;

(2)重心左移,右腿独立,左腿向左侧上方踹出,脚高齐胸,脚掌向左,脚尖向前,目视左脚方向。

2.技术要点

先提膝后再踹出,挺腰展髋。

图 10-2-3

四、马步标掌

1. 动作方法（见图 10-2-4）

（1）重心右移，左脚盖步向右侧踏落，双手由掌变拳自然落下，目视右方；

（2）左腿独立，右腿屈膝提起，同时双肘上提，双拳贴身收至腰间，拳心向上，目视右下方；

（3）右脚向右侧踏落，同时左腿屈膝下蹲呈右仆步，双手由拳变双指，右指贴右胯向后侧顺腿插下，指心向上，左指顺势向左侧后方插出，指心向后，目视右指；

（4）重心移至双腿间，挺身呈马步，同时双指变掌，双手肘后提收于腰间呈掌心贴身，掌指向前，目视前方；

（5）上动不停，马步不动，双掌快速向前标出呈掌心相对，掌指向前，两掌与肩同宽，目视双掌。

2. 技术要点

先提膝后再踹出，挺腰展髋 4 个动作连续不断，一气呵成，标掌沉稳有力。

图 10-2-4

五、架掌穿心脚

1. 动作方法（见图 10-2-5）

（1）双腿不动，向右转腰，右手握拳收回腰间，左手呈掌，随右拳向右收并覆盖于右拳面，呈掌心贴右拳面，掌指向上，目视右拳；

（2）重心回移呈马步，同时向左回腰，身体转正，左手变拳收于左腰间，右手快速向正前方冲拳击出，目视右拳；

（3）重心移至左腿，左腿屈膝下蹲呈右仆步，同时双手呈掌向体侧打开后向下划弧，于体前交叉，目视双手；

（4）上动不停，左腿蹬地站起独立，同时双手继续交叉架起，向上至头顶后分开到头两侧，右腿屈膝提起后向前方用力直蹬，呈脚掌向前，脚尖回扣，目视右脚。

2. 技术要点

步形变换到位，扭腰发力出拳，向上捧架有力，蹬腿先提膝再送胯出腿。

图 10-2-5

六、高虚步探爪

1.动作方法（见图 10-2-6）

（1）上动不停，独立不变，左腿屈膝收回，左手向体前落下至腹前，呈掌心向上，掌指向前，右手握拳向后、向上挥起，手臂指向上，目视左掌；

（2）左腿屈膝下蹲，右腿开步，同时右手呈拳心向上，以拳背猛砸左手掌，目视右拳；

（3）重心右移呈右弓步，同时向右扭腰，右手呈拳收于腰间，左手呈立掌向正前方推出，目视左掌；

（4）向左转体面向左方，同时重心移至右脚，左脚虚点呈高虚步，左手呈爪收于左腰间呈掌心向上，右手呈爪向左上方探爪抓出，上身略向后，目视右手。

2.技术要点

砸拳时重心下沉，探爪干脆有力。

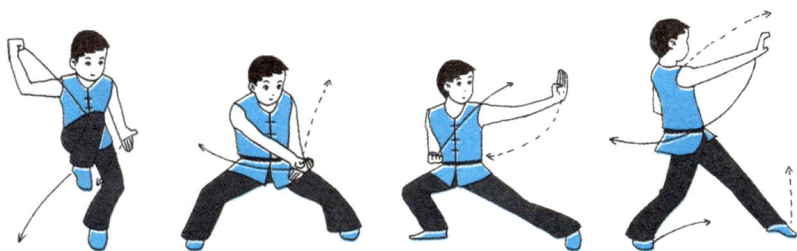

图 10—2—6

🌀 七、马步虎补 ⚙⚙⚙⚙⚙⚙

1.动作方法(见图 10—2—7)

（1）右腿屈膝上摆，左腿蹬地向体前（原左方）上方跃起，同时左手向前上方摆起，右手向右下方摆开，目视体前方；

（2）上动不停，右脚落步振脚，左脚向前踏落呈左弓步，同时向右扭腰，右手收于腰间呈虎爪，左手向右侧搬压下呈虎爪，掌心向体右，目视前方；

（3）向左扭腰转成面向体前，同时右手从左手上向前虎爪扑出，左手置于右肘下，且视右手。

2.技术要点

目视体前方，左手呈虎爪，掌心向体右。

图 10-2-7

八、白鹤亮翅

1. 动作方法（见图 10-2-8）

（1）右腿屈膝上提，左脚蹬地跳起，双脚收于空中，双手变勾，右手收贴于左手腕外部呈两手交叉，目视体前；

（2）右脚落地踏实，左脚向体前虚点呈左虚步，同时左右手向胸内翻，左勾向前、右勾向后崩出，目视左勾。

2. 技术要点

跳起换脚要轻快自如，双手开臂自然。

图 10-2-8

九、上步撞拳

1.动作方法(见图10-2-9)

(1)重心前移,右脚上步,同时左手变掌,掌心向前,掌指向上,右手变拳收于腰间,目视体前方;

(2)上动不停,右脚上步踏落,左脚呈半弓步,同时向左转腰,左手收回护于右肩前,右手直拳向体前直线冲撞出,拳心向上,目视右拳方向。

2.技术要点

合身冲撞,出力猛击。

图 10-2-9

十、闪步侧弹

1.动作方法(见图 10-2-10)

(1)重心前移,左脚向前上步,同时身体转成正向前方,右手变掌,先内旋顺时针绕小立圈做缠腕势后变拳,拳心向上,同时左掌变拳收回腰间,拳心向上,目视右拳;

(2)左腿独立,右腿提膝后用右脚面向右侧弹腿踢出,右拳收回腰间,左拳向右踢腿同一方向平拳冲出,目视左拳。

2.技术要点

上步举手猛拉回再弹腿。

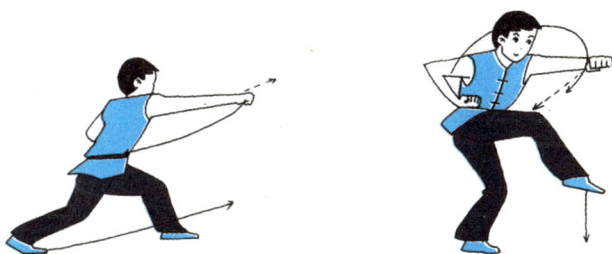

图 10-2-10

第三节 第二段

第二段包括抡臂抛拳、左右伏掌、左右弓步抛拳、上步抡劈、虚步标掌、马步撞拳、高虚步抽桥削掌、插步鞭拳和翻身马步挂盖等。

一、抡臂抛拳

1.动作方法(见图 10-3-1)

(1)挺身站立呈左弓步,同时向左扭腰,左手变拳,向下经左腿外侧向上抡臂至右侧上方,右手变拳向前、向上、向右侧上方,再至

向右侧下后方抡臂,同时左弓步变右弓步,目视右拳;

（2）上动不停,右拳由右后侧向上至最高点改变方向,向下经下腹抛拳至左侧上方,同时左拳向下,经下腹向左侧高点转向左后方抡挂,目视右拳。

2.技术要点

抬头挺身,抡臂转圈要以腰为轴发力。

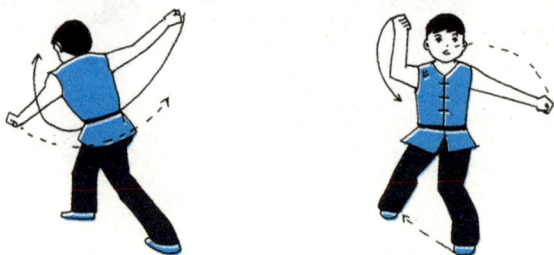

图 10-3-1

二、左右伏掌

1.动作方法（见图10-3-2）

（1）向右扭腰,同时左腿离地提起向右腿提靠,左脚尖点地,左手向前变单指划弧向下压,伏掌至胸正前方,右手收回右腰间,目视左掌;

（2）上动不停,左脚向左迈落回原位,双腿屈膝下蹲呈高马步,同时左手呈单指,经右胸前向左外侧翻挑起回拉至左腰,呈掌心向

上,腰略左扭,目视体前;

（3）上动不停,高马步不变,以腰为轴右手呈立拳向体前方冲拳击出,目视右拳;

（4）右脚提起,同时右手变单指向左搬压下,伏掌至胸正前方,目视右掌;

（5）上动不停,右脚落回原位,双腿屈膝下蹲呈高马步,同时向右略扭腰,右单指经胸向右外侧翻挑起回拉至右腰,呈掌心向上,左脚尖点地,目视体前;

（6）上动不停,左手呈立拳向前冲拳击出,目视左拳。

2.技术要点

高马步要稳,左右冲拳要借扭腰转胯之力,左右伏掌搬压以腰带动。

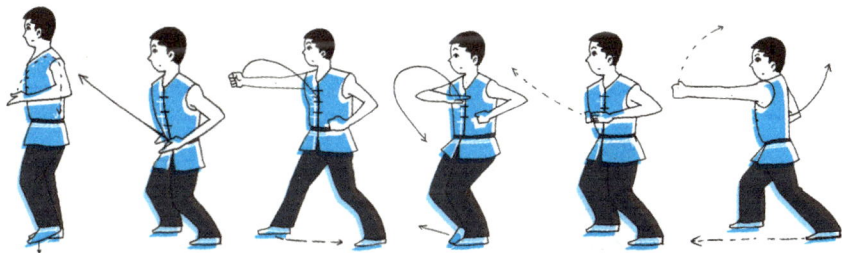

图 10-3-2

三、左右弓步抛掌

1. 动作方法（见图10-3-3）

（1）左脚向左前方上步，同时左手向左前上方，右手向右后上方展臂分开，目视左前方；

（2）向左猛扭腰转胯，右腿内转并略向左滑蹬呈左弓步，同时左手向下经体左侧向下挂起呈拳，拳心向下，右手向下，经腹前向左前上方弧形抛拳击出，拳心向后，目视右拳方向；

（3）右脚向右前方上步并屈膝，左腿内转并略向右滑动，挺膝伸直呈右弓步，同时略向右扭腰，右拳直臂下落，摆至右后侧呈平拳，拳心向下，左拳随转腰直臂经腹前向右上方弧形抛拳，拳心向后，目视左拳方向。

2. 技术要点

上步时后脚跟滑步并挺直，松肩活臂，抛拳甩出要借腰力和挺胯之力。

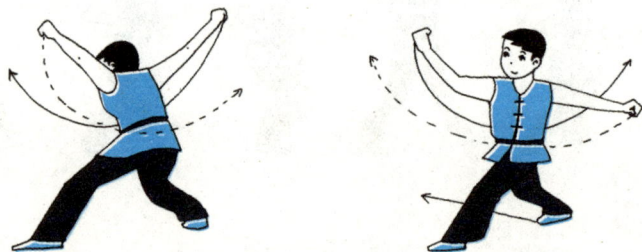

图10-3-3

四、上步抡劈

1.动作方法(见图10-3-4)

(1)重心略后移,左脚提起,同时身略右转,左手翻腕呈拳心向外,直臂向下、向侧、向上划弧,右手臂自然挂落至体右侧,呈拳心向下,目视左拳;

(2)左脚向左前方上步踏落,同时右手向上抡臂挥起,左手向体右经右肩前向下挂下,呈拳心向下,目视左拳;

(3)左腿屈膝,右腿蹬直呈左弓步,同时向左扭腰,左手继续向前、向左捞抓至腰间呈拳,右手继续向上、向前呈掌直臂劈下,呈掌指向前,掌心向左,目视右掌。

2.技术要点

双手臂抡开挥劈,活腰带动手臂动作。

图10-3-4

五、虚步标掌 🔷🔷🔷🔷🔷🔷

1.动作方法（见图10-3-5）

重心后移，左脚虚点呈左虚步，同时向右猛扭腰，右手呈拳收回右腰间，左手标掌向前猛标出，呈掌心向下，掌指向前，目视左掌。

2.技术要点

后坐、收拳、标掌快速有力，上身略前倾。

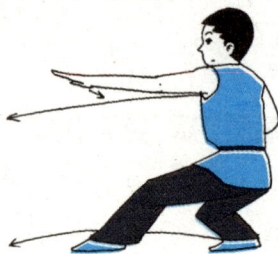

图 10-3-5

六、马步撞拳 🔷🔷🔷🔷🔷🔷

1.动作方法（见图10-3-6）

重心前移，左脚落实，右脚上步，向左转体，同时双腿屈膝下蹲呈马步，右手呈平拳向前猛冲撞击出，左手呈掌护于右肩前，掌心向前，掌指向上，目视右拳。

2.技术要点

上步快,猛力冲撞出,重心下沉,沉肩击出。

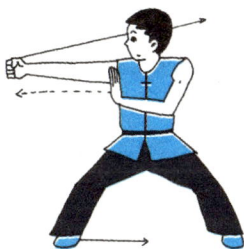

图 10-3-6

七、高虚步抽桥削掌

1.动作方法(见图 10-3-7)

重心后移,身体挺起,右转呈正对前方,右脚虚点地呈高虚步,右手抽屈肘收于右耳侧,左手呈掌猛向上方削出,呈掌心向左,掌指向上,目视左手。

2.技术要点

抽手有力,挺身推掌以转腰带动。

图 10-3-7

八、插步鞭拳 ✦✦✦✦✦✦

1.动作方法(见图10-3-8)

(1)重心右移,左脚提起向右脚后插,同时向左扭腰,双手向左侧上方摆动,目视右前方;

(2)上动不停,向右回腰,双手向下、向右上方挥动摆起,右手横鞭拳击出,拳心向正前,左手呈掌护于右肩前,目视右手方向。

2.技术要点

上身略向前俯,双臂挥动有力,鞭拳时猛甩小臂。

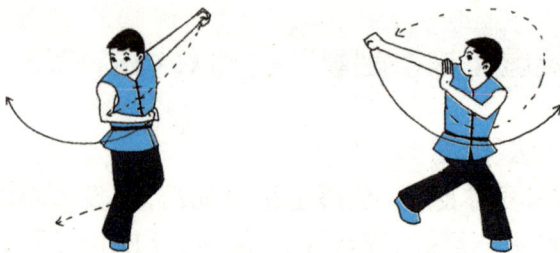

图10-3-8

九、翻身马步挂盖 ✦✦✦✦✦✦

1.动作方法(见图10-3-9)

(1)双脚原地磨转,向左转体扭腰翻身,同时左手领先,右手跟后向下、向左、向上经头顶向左下方抡臂弧形挥下至左手臂前,右手臂在后自然展开;

(2)上动不停,继续向左扭,双腿屈膝呈马步,同时左手向左后方挥起，右手呈拳向前、向左前下方屈膝挂盖下，拳心向内，目视右拳。

2.技术要点

动作要一气呵成。

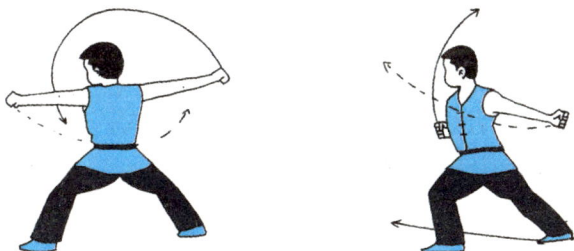

图 10-3-9

第四节　第三段

第三段包括横步旋风手、转身旋风手、左右跪步冲拳、举鼎抛拳、左盘桥勾拳、麒麟步右弓步叠掌和麒麟步左滚右穿桥等。

一、横步旋风手

1.动作方法（见图 10-4-1）

（1）向右转身，双手向右后方猛力直臂摆开，同时右脚向体右侧横上一步并振脚，目视右前方；

（2）上动不停，重心继续前移，左脚向前上一大步，同时双手向下、向体左侧摆起，目视前方；

（3）上动不停，右脚向前上一大步，同时双手向下、向右后方上侧挥臂，目视前方；

（4）左脚跟步前滑，重心前移，坐正呈马步，向左猛扭腰，同时右手用力向前下方挥捶击下。

2.技术要点

（1）上步时挥动双臂，使双臂在体侧前方划一立圆；

（2）捶击时要借扭腰转胯之力。

图 10-4-1

二、转身旋风手

1.动作方法（见图 10-4-2）

（1）右脚提起，身体向后转，同时左手向右侧上后方摆起，目视右前方；

（2）右脚踏落，左脚向右前方迈一大步，双手向下、向左侧上方

挥摆,目视前方;

(3)右脚向右前方迈出,同时向右扭腰,双臂继续向下、向右侧上方抡摆,目视前方;

(4)右脚踏落呈弓步,同时向左扭腰,右手向右前下方、向左弧形挥捶击下,拳心向内,左手护于右胸侧,目视右拳。

2.技术要点

双臂挥圆,挥捶用腰力带动。

图 10—4—2

三、左右跪步冲拳

1.动作方法(见图10—4—3)

(1)原马步不变,身体向右猛扭腰,双腿屈膝下蹲,右手收回腰间,左手横臂置于胸前,目视前方;

(2)向左猛扭腰转胯,右膝跪地向左侧,同时左手上挑划弧收回腰间,右手向正前方平拳冲出,目视右拳;

(3)向右猛转体扭腰,右腿屈膝下蹲,左膝跪地呈左跪步,同时右手收回腰间,左手用力向正前方平拳冲出,目视左拳。

2.技术要点

转体跪步冲拳干脆有力,头略向前偏。

图 10-4-3

四、举鼎抛拳

1.动作方法(见图 10-4-4)

(1)左脚蹬起向前上步,向右扭腰,身体前俯,同时双手向右后方用力挥摆,左拳在挥摆过程中变掌,掌心向内,目视前方;

(2)左掌外翻腕呈掌心向外,贴地向前、向上、向左、向后方挥起,向左扭腰,右腿蹬直呈左弓步,同时右拳向前、向上大弧抛捶击出,拳心向后,目视右拳。

2.技术要点

下沉要低,手紧贴地,上升可借转腰之力。

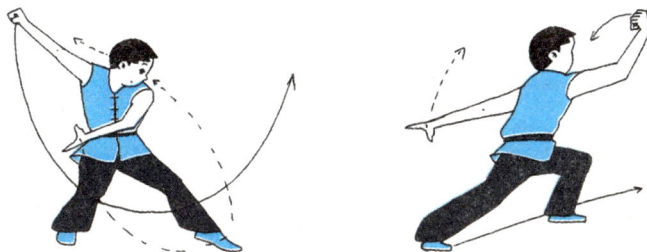

图 10-4-4

五、左盘桥勾拳

1.动作方法（见图 10-4-5）

（1）重心移至左脚，向左转腰拧胯，同时双手变掌向上挥摆，右脚提起向右后方摆动，目视右方；

（2）上动不停，左腿独立，右腿呈勾腿向左侧擦地猛勾踢出，同时双手向右后方搂摔，目视前方；

（3）接上动，右脚收回呈弓步，同时右掌变拳从右后侧划弧，再经腹向前勾拳，拳心向上，左掌向前划小弧，置于右腕上，目视右拳。

2.技术要点

跳起换脚轻快干脆，出拳有力。

图 10-4-5

六、麒麟步右弓步叠掌

1. 动作方法（见图 10-4-6）

（1）右脚越过左脚向右盖步，向右扭腰，同时右手呈掌收回腰间，掌心向前，掌指向下，左手呈立掌，置右胸侧，掌心向外，目视右掌；

（2）向左扭腰，左脚越过右脚向左盖步，双手叠掌摆至左侧，左掌在下、右掌在上，目视左掌；

（3）右脚向右前方上步，左腿蹬直呈右弓步，双掌向右前方猛合掌推出，右掌在下、掌心向前、掌指向下，左掌在上、掌心向前、掌指向上，双掌根相叠，目视双掌。

2. 技术要点

麒麟步要稳沉，变手腕要灵活。

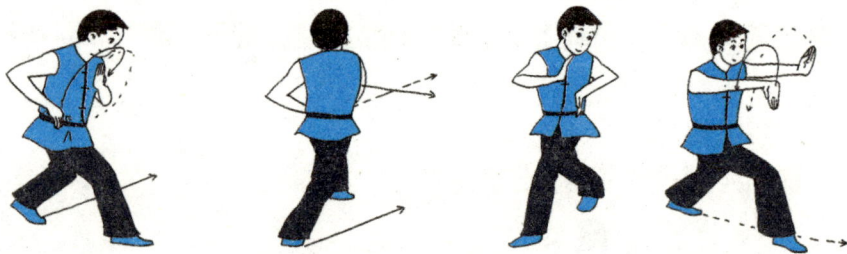

图 10-4-6

七、麒麟步左滚右穿桥

1. 动作方法（见图10-4-7）

（1）左脚尖贴地收回，靠于右脚旁并步直立，同时双手收回腰间抱拳，目视前方；

（2）双手抱拳不动，右脚向右上步呈右麒麟步，目视前方；

（3）双手抱拳不动，左脚向左上步呈左麒麟步，目视前方；

（4）右脚向正前方上步蹬地跳起，左腿屈膝上摆，目视前方；

（5）左脚落地，右脚向前迈出，同时左拳向右前方用桥横划弧滚桥，目视前方；

（6）向左转腰扭胯呈马步，使身体右侧向前，同时左手收回腰间，右手平拳向右前方冲出，目视右拳。

2. 技术要点

麒麟步要稳沉。

图10-4-7

第五节 收势

收势是南拳套路练习的结束动作,主要起调节身心的作用。

1.动作方法(见图10-5-1)

(1)右脚向体后撤步,同时双手变掌交叉于胸前,向后、向两侧分开,目视前方;

(2)重心后移,左脚收于右脚,同时双手向上,经头顶前向下合收于头前,目视前方;

(3)双手下压至腹前后收势还原。

2.技术要点

(1)头要端正,下颌内收,挺胸,直背,沉肩,两臂自然下垂;

(2)呼吸平稳,神态自然。

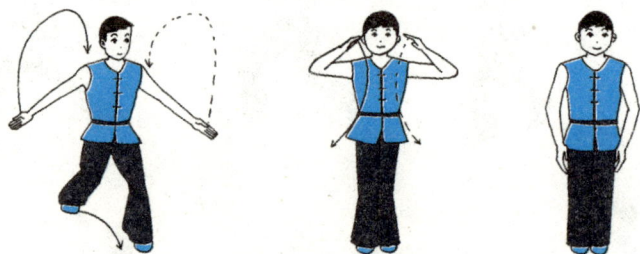

图 10-5-1

第十一章 南拳比赛规则

南拳比赛是普及南拳运动的一种很好的形式，它在长期的发展过程中已经形成了一套完整的比赛程序和裁判方法。

第一节 程序

南拳比赛不是任何人都能参加的，比赛应严格地按照一定的程序进行。

一、参赛方法

南拳比赛就是套路表演，选手首先要进行报名，报名后经过资格审查才能有机会参加比赛。

二、比赛方法

（1）选手到检录处检录；
（2）裁判员入场；
（3）选手进入场地，提交检录名单；
（4）开始比赛；
（5）选手完成一整套动作后，裁判员进行评分。

第二节 裁判

南拳比赛，裁判人员要有严密的组织工作和严格的评分标准。选手如果对评分标准了然于胸，就能在比赛中游刃有余、发挥自如。

一、裁判员

裁判员由以下人员组成：

（1）总裁判 1 人，副总裁判 1 人；

（2）每组设裁判长 1 人，裁判员 7～8 人（包括套路检查、记分、计时员）；

（3）编排记录长 1 人，编排记录员 2～3 人；

（4）检录长 1 人，检录员、报告员 1～2 人。

二、评分

南拳比赛的最高得分为 10 分，分数主要从动作规格、劲力和协调，以及精神、节奏、风格、内容、结构和布局等方面来评判。

（一）动作规格

动作规格的分值为 6 分，具体评判标准如下：

（1）凡手形、手法、步形、步法、跳跃和平衡的方法，与规格要求轻微不符者，每出现 1 次扣 0.05 分；

（2）与规格要求显著不符者，每出现 1 次扣 0.1 分；

（3）与规格要求严重不符者，每出现 1 次扣 0.2 分；

（4）一个动作出现多种错误，最多扣分不得超过 0.2 分。

（二）劲力和协调

劲力和协调的分值为 2 分，具体评判标准如下：

（1）凡劲力充足，用力顺达，力点准确，手法、眼法、身法、步法协调，动作干净利落者，给予满分；

（2）凡与要求轻微不符者，扣 0.1～0.5 分；

（3）凡与要求显著不符者，扣 0.6～1 分；

（4）凡与要求严重不符者，扣 1.1～2 分。

（三）精神、节奏、风格、内容、结构和布局

精神、节奏、风格、内容、结构和布局的分数为 2 分，具体评判标准如下：

（1）凡符合精神饱满、节奏分明、风格突出、内容充实、结构合理、布局匀称的要求者，给予满分；

（2）凡与要求轻微不符者，扣 0.1～0.5 分；

（3）凡与要求显著不符者，扣 0.6～1 分；

（4）凡与要求严重不符者，扣 1.1～2 分。